POUVOIR

ET

LIBERTÉ

PAR

M. LUDOVIC DE PRAINGY.

> La véritable liberté est d'être soumis aux lois.
>
> (BOSSUET.)

Prix : 1 fr.

PARIS

CHEZ AMYOT, LIBRAIRE, RUE DE LA PAIX.

Avril 1851.

1

POUVOIR

ET

LIBERTÉ.

POUVOIR

ET

LIBERTÉ

PAR

M. LUDOVIC DE PRAINGY.

La véritable liberté est d'être soumis aux lois.

(BOSSUET.)

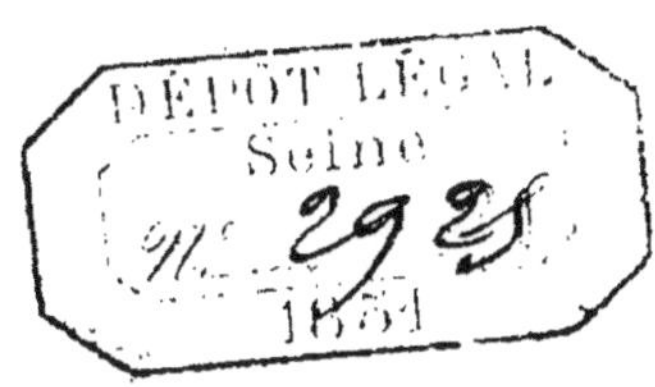

PARIS

CHEZ AMYOT, LIBRAIRE, RUE DE LA PAIX, 8.

Avril 1851.

1851

POUVOIR

ET

LIBERTÉ.

La véritable liberté est d'être soumis aux lois.

BOSSUET.

Celui qui écrit ces lignes s'est efforcé de faire un acte de justice et non point une œuvre de parti. Sans antécédents politiques, sans compromis avec le passé, plein de haine pour le mal, de respect pour le bien, il n'a étudié son opinion que dans les faits dépouillés de commentaires, et il a essayé d'en faire ressortir la moralité en reliant les événements et livrant les contradictions humaines à l'appréciation de ses lecteurs. Heureux s'il parvient à rendre leur physionomie aux portraits défigurés par des préjugés systématiques, consolation à ceux qui souffrent, justice à tous.

Dans un temps où l'on est trop disposé à juger de l'importance des hommes par le bruit qu'ils font, et de la bonté d'une cause par le nombre de ses adhérents plutôt que par leur qualité, il a considéré comme un devoir sacré de faire acte de sympathie pour ceux que la partialité de quelques contemporains s'est efforcée de flétrir.

C'est une dette de cœur qu'il paie à sa conscience, à ses amis, et aux bienfaiteurs de son pays.

Dans les longues heures de veille et d'abattement que nous ont faites les révolutions, qui ne s'est senti souvent le besoin de se faire, avec les enseignements du passé, une leçon pour se guider à travers les voies tortueuses de l'avenir, et y découvrir une lueur de soulagement et d'espérance? Qui n'a pas cherché dans le calme de sa conscience à séparer, à distinguer au milieu du trouble des événements, le rôle des passions humaines et celui qu'il faut attribuer à la justice de Dieu ou aux fautes des hommes? Malgré les profondes divisions qui semblent s'enraciner de plus en plus au cœur de la société, il est encore des esprits généreux prêts à accepter la vérité d'où qu'elle vienne, et qui n'ont de répugnance instinctive que pour l'hypocrisie; c'est à ceux-là que nous nous adressons, persuadé qu'à eux seuls reviendra tôt ou tard la direction de l'opinion et des affaires du monde.

Nous n'avons point, d'ailleurs, à compter avec un public qui assiste au spectacle de nos chutes et de nos misères, un sifflet sur les lèvres, déterminé à huer sans pitié tous les acteurs qui s'agitent sur cette terrible scène, bons ou mauvais, vertueux ou dépravés, hardis ou pusillanimes.

Nous avouons le plus profond dédain pour ces jeux de l'esprit qui rapetissent tout au niveau de la fantaisie, ne voient partout que tréteaux et paillasses, pour ces natures aussi indignes de comprendre les grandes œuvres qu'incapables de les exécuter. Nous ne voyons pas ce qu'a pu gagner la dignité humaine à faire poser la science, le génie et le dévouement aux étalages de caricatures, et à sacrifier la renommée, l'honneur ou l'amitié au besoin de la critique.

Notre pays se perd par son esprit et par la réputation d'esprit qu'il veut se ménager. Mais les monuments de sa frivolité passent comme les révolutions du goût dans la mode. Tous les excès, toutes les exagérations, tous les ridicules subissent, dans un temps donné, la même et irrévocable condamnation. Si nous déplorons les guerres de religion, les vengeances et les cruautés des protestants et catholiques, ne nous est-il pas permis d'anticiper, dès aujourd'hui, sur les jugements de la postérité, et de réprouver et nos préjugés barbares, et nos haines absolues, et nos préventions systématiques, et notre dogmatique outrecuidance, et nos orgueilleuses querelles, et notre insignifiante civilisation, et notre inguérissable scepticisme.

Il est une tâche toujours facile et toujours disputée, celle de frapper l'ennemi tombé, et de proclamer son indignité, son incapacité, et l'absence chez lui de tous les principes vitaux, parce qu'on a su lui arracher la vie dans un guet-apens. Nous reconnaissons tout le succès qu'on s'y est acquis et tout l'attrait du rôle que l'imagination s'est donné dans les réhabilitations révolutionnaires, mais nous ne l'envions pas. Assez d'autres, sans nous, ont eu le bon esprit de s'abattre sur la curée des insurrections, *des victoires de l'humanité;* nous leur souhaitons bonne chance et bon vent.

Mais à ces bruyantes et éphémères consécrations de la force, sinon du hasard, nous préférons l'imposante consécration du malheur. Nous y trouvons le doigt de Dieu toujours, rarement le résultat d'une faute et la nécessité d'un reproche, plus rarement celle d'une condamnation.

Nous sommes de ces natures ainsi faites et malhabiles, qui se laissent facilement subjuguer par la faiblesse et l'infortune, mais indomptables devant la force, la puissance et l'oppression, qu'elle vienne d'en haut, qu'elle vienne surtout d'en bas. Toutes les aristocraties ont leurs flatteurs et leurs enivrements; à nous, l'aristocratie de l'intelligence ou des services rendus nous paraîtra toujours préférable à l'aristocratie inculte de la force brutale et du nombre.

Il ne nous appartient pas ici d'emboucher l'hymne des lamentations; mais nous ne pouvons nous défendre d'un profond sentiment de tristesse en jetant les yeux sur les derniers événements de notre époque. Qu'y a-t-il, en effet, de plus décourageant que de voir s'écrouler les uns sur les autres, les gouvernements aux prises avec les pires ennemis, le ridicule et la calomnie, qui les poursuivent, les acculent et les réduisent à capituler aux applaudissements de la foule ; que si, par un effort suprême, ils tentent, à la dernière extrémité, de se retourner contre cette implacable hostilité, c'est pour y laisser, outre la vie, leur réputation.

Tel est pourtant le spectacle édifiant que nous ont présenté les quinze années de la Restauration, traquée par le libéralisme (1) au nom de la philosophie, et plus tard de la monarchie de juillet, poursuivie par les idées radicales au nom de la vérité sociale.

Qui donc aura jamais une étincelle de ce génie divin qui illumine les ténèbres, une part de cette puissance d'en haut qui dompte les caprices humains et courbe les fronts rebelles, pour s'élever par une protestation éclatante, par une inspiration divine contre l'ingratitude de son pays ? Qui donc évoquera la justice sur la tête des hommes qu'il a poursuivis, réprouvés, et des hommes qu'il a couronnés ? Non, le dernier mot n'est pas dit sur les œuvres des gouvernements tombés depuis trente ans, et la réparation luira sur eux.

---

(1) A Dieu ne plaise que nous confondions ici le libéralisme et toutes les formules d'opposition systématique avec le dévouement à la liberté.

L'expiation de février ouvrira-t-elle les yeux des politiques profonds qui parlent de la religion pour le peuple et non pour eux, de ces esprits illogiques qui approuvent l'insurrection quand elle leur profite, et la maudissent quand elle se tourne contre eux. Dieu seul, qui sonde les cœurs des hommes, sait où peuvent s'arrêter leur vanité et leur aveuglement.

Dans le trouble où nous a jetés cette catastrophe imprévue, nous rendons involontairement justice aux natures généreuses qui s'efforçaient d'enrayer le char révolutionnaire, toujours prêts, il est vrai, à rendre à nos haines systématiques leur cours habituel.

Mais les hommes passent, leurs actes restent, et l'impartiale histoire fait, dans nos malheurs publics, le lot qui revient à chacun. S'il est encore des écrivains enrôlés au service des révolutions avec leur ardeur fiévreuse, leur violence irréfléchie ; leurs productions apparaîtront un jour ce qu'elles sont, le fruit d'impitoyables rancunes, d'un puéril amour-propre, de ressentiments secrets contre la société, qui osa refuser à ces pilotes avisés le gouvernail qu'ils pouvaient si habilement tenir. «Va, mon fils,» disait le chancelier Oxenstiern à son fils, en l'envoyant visiter les cours de l'Europe, « quand tu verras par quels hommes le monde est gouverné, demande à Dieu qu'il ait pitié de nous, et apprends à te corriger de leurs défauts. »

Nous vivons dans un siècle où cette tyrannie de l'imagination a dépassé tous les excès de la force, où chacun, pour faire acte d'individualité, d'omnipotence intellectuelle, ne cède en réalité qu'à l'ascendant d'intelligences fourvoyées, esclaves d'une incommensurable vanité, en répudiant les principes vieillis de l'expérience et de la sagesse; dans un temps où chacun, néanmoins, las d'un pareil joug, éprouve le besoin de secouer cette oppression des hommes à idées, pour se réfugier sous les lois moins poétiques, mais plus pratiques, des hommes d'action, au cœur droit et au jugement honnête.

Si notre versatilité eût été moins inconséquente, nos ambitions plus patriotiques, notre caractère plus stoïque, nous n'eussions pas vu ceux qui avaient combattu le pouvoir au nom d'un progrès méconnu, d'une liberté violée, dépasser en un jour toutes les mesures qui avaient allumé leur bile. Fallait-il la République de 1848 pour légitimer les tendances religieuses du gouvernement de la Restauration, qui n'eut que le tort de se raidir contre les tendances d'une époque matérialiste? Avait-elle mal jugé le danger? L'espoir qu'elle eut un moment de refaire les mœurs avec les lois, n'est-il pas dépassé, aujourd'hui que nos mœurs semblent en si évidente contradiction avec nos lois, aujourd'hui que la société se réfugie dans la loi contre le débordement de l'immoralité ?

La Restauration tomba, comme plus tard devaient tomber ses successeurs, sous les pamphlets des journaux et des brochures. Il faut le dire, c'est une vérité que personne ne conteste maintenant, rien ne fut épargné dans cette guerre déloyale de la philosophie contre la religion, du libéralisme qui affichait le monopole des idées généreuses contre les principes éternels du pouvoir et de la justice. Les lois les plus sages, les motions les plus honorables, les décrets les plus conservateurs, quand ils émanaient du gouvernement, étaient inévitablement combattus par les ennemis de la chose publique bien plus encore que du ministère. Déplorable exemple, dont la tradition s'est perpétuée, et qui semble frapper de condamnation les gouvernements représentatifs dans notre irascible pays.

Nous avons peine à revenir sur ce triste passé qui nous remet en mémoire ces iniquités que nous voudrions oublier, ces ingratitudes qui sont toute notre histoire, comme l'a si bien dit un illustre orateur. Mais ne nous souvient-il plus de cette honte que les organes les plus sérieux de l'opposition appelaient, en 1830, sur notre expédition d'Afrique ; de cette guerre fratricide qu'ils déclaraient à nos soldats, en semant parmi eux la défiance et le découragement ; de cette guerre qu'ils devaient si justement flétrir vingt ans après dans ces ennemis, alors leurs alliés, les disciples de Ledru-Rollin et de Mazzini ?

Tout le libéralisme contre le gouvernement, telle fut l'attitude de l'opposition avant 1830, telle fut celle des républicains depuis 1830.

Napoléon, dans son travail de la reconstitution de la

société, avait trouvé devant lui les mêmes ennemis, le même système. Son admirable jugement et aussi sa toute-puissance suffirent à leur imposer silence pour un temps. Quand il avait épuisé toute la logique de la raison contre les plus intraitables avocats du tribunat (1), Benjamin-Constant et ceux qui devaient plus tard être les coryphées du libéralisme, il fermait la discussion et nous donnait ce travail admirable qui restera un monument plus impérissable de son génie que ses conquêtes.

Mais si ces hommes cédaient devant l'ascendant irrésistible de sa supériorité, c'était pour attendre la revanche que ses fautes leur ménageaient. Ils reparurent au moment de sa chute pour conspuer le héros dépouillé. Ils surent alors retrouver contre lui une énergie qui eût été employée d'une manière plus glorieuse contre l'ennemi commun.

La Restauration, qui vint après, faible comme tous les gouvernements d'essai, devait payer l'arriéré de cette injurieuse loquacité, âpre à se dédommager des quinze ans de silence que l'Empire lui avait imposés.

Elle tomba, laissant à la France l'Algérie qu'elle avait conquise malgré l'opposition ; la pacification de l'Espagne qu'elle avait accomplie malgré l'opposition ; la délivrance des Hellènes poursuivie au regret de l'opposition. Elle partit sans bagages, après avoir doté la France d'un second

(1) Voyez Thiers. — *Histoire du Consulat et de l'Empire.*

continent; après avoir cherché pendant quinze ans le bien que l'opposition lui permit de faire. Elle se dirigea vers la terre d'exil, suivie de quelques amis, et pourchassée, il faut bien l'avouer, par les imprécations du peuple et des libéraux, ivres d'un triomphe qui portait en lui sa condamnation.

On a peine à comprendre aujourd'hui le déchaînement de 1830 contre les hommes et les actes de la Restauration, la violence du parti vainqueur contre le parti vaincu, chez une nation où le droit du plus fort rencontre de si ardentes contradictions, où le plus faible eut toujours le privilége de la sympathie publique. Pour l'expliquer, il faudrait remonter à des causes que notre orgueil répugne à avouer, ou se traîner dans des accusations dont les contemporains doivent laisser la charge à l'histoire.

Mais n'est-ce pas ici le lieu de remarquer la différence qui sépare les deux événements de 1830 et de 1848? Charles X succombe devant une interprétation difficile d'un texte ambigu; presse et tribune s'abattent avec toute la violence d'une haine passionnée sur le roi descendu du trône, déchu de sa puissance, privé de sa patrie. Rejeté sur la liste des tyrans les plus détestables de l'antiquité, aucun affront n'est épargné au royal vieillard, et jamais son nom ne revient dans les discussions de la presse et de la tribune, sans y être accompagné des apostrophes les plus injurieuses; et cependant, disons-le hautement, sans crainte d'être démenti par les esprits habitués à planer au-dessus des passions humaines, Charles X n'aura, aux yeux de la postérité, d'autre tort que sa faiblesse. Louis XVI a été réhabilité par notre génération ; la mémoire du roi-chevalier trouvera certainement un jour la justice que lui refusent encore de misérables ressentiments.

Louis-Philippe, tombé du trône à la suite d'une interprétation équivoque de la loi de 1792 sur les banquets, n'emporta pas dans l'exil l'amertume d'une haine imméritée; toutes les rancunes se taisent devant un pareil désastre ; il ne trouve, chez les partisans eux-mêmes du régime dépossédé par lui, que le silence du respect pour une si grande infortune. S'il en est qui ont critiqué les tendances de son règne, les errements d'une politique trop personnelle, trop dévouée aux intérêts matériels, trop peu soucieuse de la dignité du pays, tous se sont inclinés devant le roi malheureux, le père proscrit.

D'où vient cette différence entre les deux hommes, entre les deux époques ? Tous les deux avaient essayé de la résistance armée contre l'insurrection : le premier avec des moyens insuffisants, le second avec une volonté affaiblie par l'âge, paralysée *sans doute* par cette funèbre date de 1830. Tous les deux avaient capitulé devant des bandes qui ne pourront jamais, aux yeux de la postérité, représenter la liberté ou la civilisation. Pareille était la chute, pareils aussi les symptômes qui l'avaient précédée, pareils encore les instruments.

S'il était permis d'en appeler d'une époque passionnée, aigrie par ses préjugés et ses luttes, à un juge d'honneur, équitable et de bonne foi, il reconnaîtrait, sans rechercher la faute parce qu'il y a eu châtiment, que l'agression de 1830 était aussi inique que celle de 1848 ; il reconnaîtrait que le peuple a transgressé ses devoirs en poursuivant ceux qui n'avaient point méconnu ses droits ; il reconnaîtrait que le gouvernement de la Restauration fut paternel, libéral, jaloux du bien public et de l'honneur de la France, jaloux de son indépendance au dedans et au dehors.

Mais pour le dire ici sans fiel et loin de toutes les rancunes contemporaines, si Charles X fut conspué dans son malheur, si Louis-Philippe fut respecté, c'est que celui-ci personnifiait en quelque sorte la bourgeoisie et la révolution, que l'autre, au contraire, personnifiait à certains yeux l'aristocratie et la contre-révolution.

C'était donc, et c'est encore aujourd'hui, parlons sans voile, une guerre de castes qui divise la société. C'est aux cris de : vive la Charte, mais au nom de la bourgeoisie, que fut chassé Charles X ; c'est aux cris de : vive la Réforme, mais au nom de la démocratie, que Louis-Philippe s'exila une dernière fois.

La révolution qui avait vaincu en 1830 fut sans pitié pour les hommes qui l'avaient combattue, et son exemple démontra une fois de plus que la haine croît en raison du mal qu'elle fait. En 1848, elle eut un moment de pudeur et de stupéfaction en présence d'un succès si facile et si imprévu. Il y eut une sorte d'incrédulité et, le dirais-je, de remords chez les auteurs d'une semblable catastrophe et chez leurs complices involontaires. Ils se sentirent pris d'un accès de vertige à la vue de cet abîme qu'ils avaient creusé, et en détournèrent leurs regards et leurs pas.

L'aristocratie, ou ce qu'on est convenu d'appeler l'aristocratie, dans un pays comme le nôtre, vit sans joie comme sans regret la chute d'un système qui l'avait tenue à l'écart de la vie politique, et sans s'accuser du malheur, parce qu'elle l'avait prévu, elle accorda au roi des Français une compassion froide et digne pour une fin qu'il ne pouvait redouter, s'il était donné à la sagesse humaine de conjurer les décrets de la justice divine.

De griefs sérieux, il ne pouvait donc en exister aucun au cœur de la nation, ni contre Charles X, ni contre Louis-Philippe, si ce n'est, pour le premier, l'accusation de représenter des préjugés et un régime abolis sans retour; pour le second, le ressentiment de deux révolutions chez ceux qu'elles avaient froissés. Voilà, si nous ne nous trompons, les termes de ces lamentables procès.

Mais qu'on nous permette ici de nous élever hautement contre la personnification de ces deux systèmes opposés dans

les derniers rois de la monarchie, et de ramener la situation et les actes à leurs véritables proportions.

A l'époque où Louis XVIII reçut le gouvernement des mains de la nation, qu'il préservait par sa présence du partage, du dépouillement et de la conquête absolue, l'engouement pour les idées et les formes anglaises était universel. Le travail des esprits, pendant cette lutte gigantesque des deux premières puissances de la terre, aspirant au fruit défendu d'un gouvernement libre, qu'ils voyaient si fort, si respecté et si bien assis; le blocus continental qui donnait un prix fabuleux aux importations d'outre-mer, avaient fait du système représentatif de la Grande-Bretagne le rêve de tous les hommes d'État, l'idéal de tous les progrès réalisé. Le nouveau roi lui-même, pendant son séjour en Angleterre, avait pu apprécier le mécanisme et étudier la marche admirable de ces grandes institutions. Rentré dans sa patrie, il s'empressa d'en faire l'application : il lui donna sa Charte, longtemps méditée, calquée sur la constitution anglaise, sans se préoccuper, et ce fut là son erreur, de la différence de nos mœurs et des progrès de la démocratie depuis 1789, erreur fatale qui pèse aujourd'hui sur la France et sur le continent tout entier. Profond admirateur d'un système qui lui paraissait répondre à toutes les exigences de gouvernement et de liberté, d'un système qui avait imprimé au peuple anglais assez de ressort pour lutter pendant vingt ans contre l'ascendant victorieux de Napoléon, il crut son application facile en France; il crut à l'application de ce patriotisme qui réunit, au jour donné, toutes les forces, tous les partis, toutes les oppositions sous le drapeau de l'honneur national et du bien public; mais il avait compté sans les difficultés que semèrent sous ses pas ces différences radicales du génie des deux peuples. Quinze ans d'un règne disputé et la chute finale de 1830, puis celle de 1848, devaient ouvrir les yeux à ceux qui croyaient possible l'imitation de la constitution et de la révolution de 1688 en Angleterre.

L'Angleterre avait une aristocratie puissante et respectée, moins à cause de son prestige qu'à cause de sa grande richesse, véritable source de supériorité sous toutes les latitudes; elle avait traversé ses révolutions sans péril, parce que la révolution était émanée d'elle-même et qu'elle l'avait su contenir et diriger. Il faudrait remonter au schisme d'Henri VIII, rompant avec la suprématie de Rome, imposant la réforme à ses principaux courtisans, pour expliquer l'attitude d'une partie de la noblesse dans les guerres de Charles Ier et du Parlement.

Il faudrait encore faire la part des susceptibilités religieuses que Cromwell sut habilement ménager et tourner contre son malheureux roi, pour expliquer comment la révolution qui le chassa du trône se fit au profit de la religion et de l'aristocratie. Une semblable digression nous entraînerait trop loin de notre sujet. Qu'il nous suffise de faire remarquer la différence complète qui sépare les deux mouvements de 1688 et 1789.

Le premier respecte toutes les traditions, consacre tous les devoirs en même temps que les droits, s'accomplit au chant des psaumes et au nom de la religion ; tandis que le second s'efforce de se séparer absolument du passé, renie tous les souveuirs, tous les dogmes, tous les hommes qui avaient fait la grandeur du pays ; il s'engage dans des voies inconnues, sur les pas de la philosophie encyclopédiste, et prend pour cri de ralliement : guerre à l'infâme... (la religion). Il résulte de là, en dépit de ceux qui poursuivent les analogies, au prix même du malheur public, deux situations non point parallèles et identiques, mais au contraire essentiellement contradictoires.

Parties du même point, la lutte du parlement contre l'autorité royale, les deux révolutions aboutissent à des résultats opposés, et il ne nous reste, depuis 1848, aucun prétexte pour y chercher encore quelques points de contact.

Mais si le respect de l'autorité et de la hiérarchie devait amener l'Angleterre à sa grandeur actuelle, à la prépondérance qu'elle s'est acquise sur les affaires du monde ; le mépris de toutes les autorités, divine ou humaine, devait pousser la France vers les excès, funestes avant-coureurs de sa ruine.

L'aristocratie, dont le principe féodal, attaqué successivement en 1789, en 1830, en 1848, nous semble condamné pour toujours, peut être pour les Etats monarchiques une garantie d'ordre, de liberté et de stabilité. Placée comme intermédiaire entre la royauté, dont elle peut balancer ou défendre le pouvoir par son indépendance, et le peuple, dont elle peut comprimer les instincts violents par son ascendant, l'aristocratie s'est constituée chez tous les gouvernements réguliers, héréditaire ou élective, suivant les formes et les systèmes de l'époque : aux moments de crise extérieure, l'aristocratie de l'épée ; dans ceux de crise intérieure, l'aristocratie de la tribune ; dans les temps de calme, l'aristocratie des arts et du génie. Il est naturel, en effet, et dans les besoins du cœur humain que la reconnaissance populaire s'attache aux hommes qui ont bien mérité de la patrie par des services réels ; il est naturel encore, et c'est un préjugé si l'on veut, mais préjugé qui subsistera autant que le monde, il est naturel, disions-nous, que les vertus et la gloire du père rejaillissent sur ses enfants. Mais quand les premiers rois de France, forcés, pour consolider leur conquête et satisfaire à toutes les avidités, de chercher des récompenses honorifiques, créèrent les ennoblissements héréditaires, ils laissèrent à leurs successeurs des embarras politiques qui devaient être une source de déchirements et de guerres civiles.

Un corps privilégié, d'autant plus inaccessible au reste de la nation qu'il s'éloignait davantage de son origine, ne pouvait exister dans l'État, sans exciter un jour l'envie de ceux qui s'en trouvaient exclus, lorsque les progrès de l'esprit public et l'émancipation intellectuelle auraient modifié les conditions de supériorité dans la société. Nous n'en pouvons douter, toutes les difficultés de l'époque actuelle se résument dans le besoin de l'égalité au sein d'une société qui a cependant soif de distinctions. Étrange anomalie, qui rend si difficile la conciliation du pouvoir et de la soumission. Nos révolutions n'ont point eu d'autre but que de substituer une aristocratie à une autre, et elles n'auront point d'autre résultat. Elles sont donc moins des révolutions politiques que des révolutions sociales. L'absolutisme qu'elles prétendaient détruire n'est qu'un mot dont chacun fait usage à son profit. La royauté seule peut être absolue au profit de l'intérêt public. L'absolutisme n'est point le fait de l'aristocratie, pas plus que l'aristocratie n'est inhérente à la monarchie. Qui se montra plus absolu que les démocraties de l'antiquité ou des temps modernes? Qui fut plus impérieux que cette aristocratie élective toujours en défiance contre ces éléments turbulents qui l'avaient élevée? Qui fut plus hautain que ces tribuns populaires qui, dans Rome, s'appelaient Gracchus ou Marius, et en France se nomment Danton ou Ledru-Rollin? Ces allures de fierté et de puissance ne définissent-elles pas le pouvoir démocratique tel que le comprend et l'aime l'opinion publique? La monarchie seule, puissante et respectée, pouvait faire bon marché de l'absolutisme et de toutes les aristocraties, quelles qu'en soient la date et l'origine. En France, c'est un rôle qui lui était familier et qui fut pratiqué par tous ses rois depuis Louis VI, qui émancipa les communes de la tyrannie des seigneurs, jusqu'à Louis XIII, dont le ministre Richelieu ploya le plus orgueilleux de tous sous le niveau de la loi.

Fidèles aux traditions de leurs ancêtres qui leur montraient dans la royauté le contrepoids naturel à tous les empiètements, les Bourbons de la branche aînée crurent à la nécessité d'opposer une digue aux orages de la démocratie, en rehaussant le prestige et l'ascendant de l'aristocratie, tout en conservant une place légitime aux droits populaires. Pour organiser les trois pouvoirs de l'État, tels qu'ils étaient constitués en Angleterre, ils voulurent une aristocratie forte et puissante, partant indépendante, en face d'une démocratie inquiète qui semblait, dès-lors, menacer les nouvelles institutions par ses prétentions uniques à la direction des affaires.

Mais l'aristocratie, pour être forte et indépendante, outre le prestige des souvenirs, a besoin encore de la fortune nécessaire à soutenir son rang. De là, la loi du droit d'aînesse qui jeta la Restauration dans d'inextricables difficultés, lui enleva une foule de dévouements, et repoussa dans l'opposition tous ceux qui ne surent point s'incliner devant cette grande raison d'État, tous ceux aussi qui, sacrifiant la royauté à leurs prédilections ou à leurs rancunes individuelles, se firent une arme de l'intérêt public pour la renverser. Si l'on ajoute à ce principe d'opposition, l'opposition des vanités blessées, des poëtes et philosophes aussi malencontreux qu'impropres au maniement des affaires publiques, des écrivains et des penseurs de toutes les écoles dont la Restauration eut la faiblesse de ne pas reconnaître l'infaillibilité et le tort de trop peu s'effrayer, on aura l'une des mille interprétations que chacun donne au dénouement de 1830, et l'on aura en même temps le mot de 1848.

Ainsi la Restauration périt pour avoir cru possible l'imitation de la constitution anglaise chez un peuple qui ne sut pas même, par anglomanie, s'arrêter devant l'imitation des révolutions anglaises.

La Restauration est tombée sous les railleries des esprits forts, et ce sont les esprits forts qui appuient aujourd'hui les lois religieuses et l'inviolabilité du dimanche. La Restauration est tombée pour avoir cru qu'un corps armé et délibérant était plutôt un danger qu'un soutien pour l'État ; et ceux qui l'ont renversée reconnaissent aujourd'hui que chaque garde national exige une sentinelle de l'ordre public. La Restauration est tombée pour avoir cru que la liberté illimitée de la presse était un danger pour les mœurs et le repos public; et ceux qui ont usé contre elle de ce puissant levier reconnaissent aujourd'hui que cette mine, chargée par eux, menace d'éclater sous leurs pas et de les ensevelir dans les ruines de la société.

La Restauration est tombée, défendant les nationalités contre le despotisme des gouvernements, comme elle défendait la royauté contre le despotisme des insurrections ; associant partout et toujours le nom français à la protection du faible contre le fort, à l'indépendance des peuples ou des rois contre leurs oppresseurs ; rachetant, malgré l'opposition et l'Angleterre, la chrétienté du tribut séculaire qu'elle payait aux puissances barbaresques ; portant, avec un budget médiocre, avec une armée réduite, avec des charges écrasantes, les destinées de la France aussi haut qu'elles pouvaient aller ; laissant à l'intérieur une prospérité inouïe, après tant de désastres, et à l'extérieur une attitude que ses successeurs n'ont point imitée.

Tel est le bilan succinct de la Restauration. Les trois expéditions, en qui se résume l'histoire de cette époque, resteront comme le testament impérissable de cette illustre dynastie qui reflétait si bien l'honneur et la susceptibilité de la France.

Si elle eut le tort, pour certains esprits prévenus, d'avoir préféré l'alliance russe à l'alliance anglaise, les traditions du passé comme les trahisons contemporaines l'ont suffisamment excusée. L'alliance anglaise sera pour nous, comme elle l'a toujours été, un contrat de dupes, sacré de notre part, abandonné par le gouvernement britannique du jour où elle cessera de lui profiter. Les catastrophes de 1830 et de 1848 passent, à tort ou à raison, pour le résultat de cette politique punique, nous jetant sur les bras les difficultés intérieures, quand nous essayions de reprendre notre élan naturel.

Enlacé dans les voies de cette tortueuse alliée, Louis-Philippe la vit se retourner contre lui dès qu'il essaya de revendiquer sa part d'influence en 1840, et son rôle de Bourbon en 1847 dans les affaires de l'Europe. De même que la conquête d'Alger avait été le signal de la chute de ses aînés, la conclusion des mariages espagnols précéda de près sa propre chute. Ces deux actes glorieux, sous des rapports différents, entraient dans la politique héréditaire de cette noble maison, agrandissement de l'influence française par la protection du faible et par les alliances contractées au dehors.

Mais le roi constitutionnel, qui passait outre aux ombrageuses exigences de notre vieille ennemie, devait expier cruellement le tort d'avoir cru à l'école de Talleyrand par l'alliance anglaise, à l'école philosophique par ses concessions au matérialisme de son siècle, à la valeur de la bourgeoisie par son dévouement à ses intérêts. Sa déchéance restera comme le témoignage implacable de la monstrueuse ingratitude et de la profonde inexpérience de la bourgeoisie dans les affaires publiques.

Chef d'une lignée vraiment royale, ami des arts et des artistes, dont il avait compris et grandi l'importance ; se pliant, avec toute la dextérité d'un esprit pratique et délié, aux exigences les plus dures du régime constitutionnel; aussi habile dans le conseil que ferme dans l'adversité; alliant la faconde d'un avocat disert à la prudence d'un chef de l'Etat; citoyen par ses goûts sérieux, son esprit de détail, ses idées pratiques, son jugement sain, son instinct de l'utile, de la netteté, de la simplicité, Louis-Philippe était la véritable expression de la royauté telle qu'avait pu la rêver la bourgeoisie. Il était son représentant direct, avoué, éminent. Louis-Philippe avait fait pour elle ce qu'aucun gouvernement n'avait essayé et n'essaiera sans doute : il avait sacrifié sa popularité première en se déclarant le champion résolu de la paix à tout prix, c'est-à-dire le protecteur ardent des intérêts matériels, faisant pour la paix ce que Napoléon avait fait pour la guerre, et lui consacrant sa politique et son génie.

Et c'est la bourgeoisie, qui avait atteint sous son règne l'apogée de ses destinées, qui avait régné avec lui et par lui, c'est la bourgeoisie qui organise les réunions séditieuses, laisse passer la révolte et lui ouvre le chemin des Tuileries, où elle avait installé naguère celui qu'elle forçait à s'exiler aujourd'hui, celui qui l'avait si bien servie! C'est la bourgeoisie qui livre à ses ennemis le gardien vigilant qui la protégeait contre leurs haines irréconciliables!

Douloureux spectacle que celui-là! douloureux pour le cœur, douloureux surtout par les symptômes de démoralisation qu'il nous a révélés dans cette classe intermédiaire qui semblait destinée à absorber toutes les forces vives de la nation, à rester, dans un temps donné, sa représentation la plus fidèle.

Loin de nous la pensée de recommencer le procès qui lui a été fait après le châtiment qui l'a flagellée ; mais il est difficile de se défendre d'un sentiment de récrimination devant ces deux dates flétrissantes de 1830 et 1848. Là, la bourgeoisie luttant sans trève contre l'autorité royale jusqu'à ce qu'elle l'ait foulée aux pieds et déconsidérée, renversée ; ici, dégradant de ses mains celui qu'elle avait élu, celui qui s'était dévoué à sa défense contre les envahissements de la démagogie.

Charles X et Louis-Philippe tombant sous les mêmes coups, le premier pour avoir trop cru peut-être aux bonnes intentions des hommes, le second à leur duplicité ; l'un pour avoir gouverné avec l'habileté, l'autre avec l'honnêteté, tous les deux pour s'être efforcés d'enrayer la révolution, laisseront dans leur chute un témoignage irrécusable de la puissance des obstacles contre lesquels ils sont venus se briser, de nos inconséquences politiques, et peut-être aussi de la difficulté, nous ne voulons pas dire de l'impossibilité du régime représentatif.

Mais Louis-Philippe, en groupant autour de lui tous les mécontents, en acceptant cette autre importation anglaise de rôle de chef de l'opposition, donna aux mécontents de tous les règnes et de tous les temps le drapeau, l'apparence et le nom d'un parti ; il autorisa les représailles dont on le poursuivit plus tard. Nul doute que si, par sa présence et ses idées, il n'eût point encouragé les résistances opiniâtres des libéraux contre la Restauration, ceux-ci eussent été plus circonspects dans leurs projets, qu'ils n'eussent point poussé à bout un conflit qui devait se terminer par une république. On ne peut nier que les injustices et les violences de l'opposition sous la Restauration n'aient servi d'exemple aux mêmes violences sous le gouvernement de Juillet. La recette, on le sait trop, n'en fut pas et n'en demeurera pas perdue ; elle servit alors contre ceux qui s'en étaient si bien trouvés.

On a cherché bien des causes au 24 février 1848. Pour nous, il ne peut y en avoir qu'une : l'impuissance d'un gouvernement né de l'insurrection, contre son principe. C'est là, de toutes les définitions, si vous niez l'intervention de la Providence dans ces moments suprêmes, c'est là, disons-nous, la seule définition acceptable. Toute la logique humaine s'épuiserait contre le fait éclatant qui déjoue ses combinaisons.

Un gouvernement averti, appuyé par une armée fidèle, par deux Chambres dévouées, défendu contre ses ennemis par leur impopularité même, par la répugnance qu'inspirait alors au pays la forme qui devait lui succéder, ce même gouvernement fuit et disparaît comme un fantôme devant le souffle populaire.

Ah ! il faut le reconnaître, il y a là un haut enseignement, et, nous le répétons, une logique qui se joue de toute la sagesse humaine. Où trouver, d'ailleurs, une autre raison qui explique la fatalité d'événements inexplicables? Dira-t-on qu'élevé sur le trône par les mains de la garde nationale, par le vote de la Chambre élective, Louis-Philippe ne dut sa perte qu'à l'aveugle complaisance d'une Chambre qui n'était plus la représentation réelle du pays, qu'aux exigences de la garde nationale, qu'il avait trop habituée à délibérer sous les armes? Mais ce serait constater une anomalie de plus; ce serait constater le néant des calculs de la prudence contre les lois immuables qui régissent le monde.

Tout est possible après Février, s'écrie-t-on aujourd'hui. Non, car Février n'était pas impossible après 1830, et le vieux roi, qui s'enfuyait devant une poignée de misérables, put se frapper amèrement la poitrine, en répétant : Comme Charles X ! Comme Charles X !....

La première moitié de ce siècle s'est écoulée, parsemant sa route de débris et de ruines, après avoir vu plus de révolutions qu'aucune des époques de notre histoire. Vivant d'une vie fiévreuse et saccadée, la France n'a point su, depuis soixante ans, résoudre ce problème qu'elle poursuit sans cesse, d'une existence simple, régulière, libre, vulgaire si l'on veut, mais à coup sûr plus profitable à ses intérêts que la gloire des armes ou l'agitation révolutionnaire. Passant avec la mobilité de son caractère par les soubresauts perpétuels d'une politique aventureuse et toujours nouvelle, elle s'est épuisée à la recherche de l'inconnu et dans les essais, nous pourrions dire les excès des réactions. Réaction sanglante de la première république contre la démoralisation du siècle de Louis XV ; réaction du despotisme impérial contre les stupides fureurs de la démagogie ; réaction de la presse et de la tribune contre le silence et l'obéissance que l'Empire leur infligeait ; réaction de l'esprit matérialiste contre les tendances religieuses de la Restauration ; réaction des idées hiérarchiques et de pouvoir contre le mépris de l'autorité et la philosophie sceptique.

Nous sera-t-il enfin donné, après toutes ces oscillations, de retrouver notre centre de gravité politique, de nous reposer dans l'équilibre de toutes les forces de notre intelligence nationale ? Quand donc, répudiant ces erreurs d'une fausse raison, qui montre au peuple le principe révolutionnaire comme un appât tentateur, idéal de toutes les améliorations sociales, comprendrons-nous que les révolutions, loin de faire faire un pas à l'humanité, sont les plus dangereux obstacles à ses progrès ; que ces progrès sont le fruit des travaux des esprits sérieux et pratiques auxquels est dévolu d'en haut le soin de la diriger, et non point le résultat des violences de la place publique et des guerres civiles? Quand donc cesserons-nous de présenter ce mirage trompeur de l'athéisme politique et religieux aux yeux d'un peuple ardent, impressionnable, sympathique, et de dater son émancipation de l'ère des révolutions?

Ces conseils ne sont pas nouveaux, nous le savons, et le paradoxe d'hier est déjà, grâce au ciel, la vérité d'aujourd'hui. Mais il est tant d'hommes compromis avec l'idée révolutionnaire, à l'heure où nous vivons, que la lueur du bien ne passe que difficilement à travers leurs prétentions et leurs préjugés ridicules pour arriver au grand jour.

L'alliance du pouvoir avec le principe révolutionnaire est-elle praticable? Nous en appelons, pour répondre, au 24 février. Est-elle compatible avec les intérêts et la pensée populaires? Nous en appelons à la protestation du 10 décembre contre les prétentions de la démagogie.

Élu instinctivement par le peuple comme son appui naturel, comme le représentant de l'idée de force et de pouvoir, Louis-Napoléon a compris le vœu de son élection, et s'est trouvé tout-à-coup à la hauteur de la tâche qui lui était confiée.

Cette tâche, il l'a jusqu'ici noblement comprise et noblement accomplie. Doué d'un esprit pénétrant et ferme à la fois, il a su jusqu'à présent conserver l'attitude qui rehausse le pouvoir dont il est le dépositaire. Héritier des traditions du chef de sa race, il a consacré à la restauration de la société la force que lui donnait la consécration populaire. Il n'y aurait nulle honnêteté à dissimuler la reconnaissance qui lui est due. Mission glorieuse d'ailleurs, et qui peut suffire aux plus hautes ambitions.

Mais s'il sauva la France des mains des barbares, comme autrefois Jeanne d'Arc la délivra des mains des Anglais, que ses regards ne s'éloignent pas de ce magnifique horizon.

Les hommes ne sont, dans la main de Dieu, qu'un instrument dont il se sert au jour de sa justice pour la ruine ou le salut des peuples. Qu'il se plaise à les tirer des conditions les plus humbles ou les plus compromises pour démontrer son intervention dans les affaires humaines, ils doivent s'incliner devant sa volonté le jour où il leur dit : « Tu n'iras pas plus loin. » Aussi longtemps que sa main les soutient, les difficultés s'aplanissent autour d'eux, les embarras disparaissent comme par enchantement, les événements marchent au gré de leurs désirs. Mais si l'étoile qui les avait guidés vient à se retirer d'eux et les abandonne aux incertitudes de leur propre intelligence, à leurs seules forces; alors, flottants, indécis, paralysés, ils deviennent le jouet de toutes les vicissitudes pour périr comme Jeanne d'Arc sur un bûcher, ou succomber comme Napoléon sur un roc inhospitalier.

Quelles que soient les qualités personnelles de Louis-

Napoléon, les obstacles, s'il veut dépasser sa destinée, naîtront sous ses pas. Les mêmes événements, les mêmes hommes que la fortune avait mis à son service, se tourneront contre lui, et le pays souffrira avec lui de ses fautes et de ses malheurs.

On accuse à tort le génie de faire défaut, dans ces moments difficiles, à ces natures prédestinées. Non, ce n'est pas leur génie qui s'éteint et les abandonne, mais bien leur fortune, c'est-à-dire Dieu qui est le maître de la fortune.

Le vainqueur de Marengo n'avait perdu ni son génie ni son lumineux coup d'œil dans les plaines de Leipsick ou de Waterloo, et il avait conquis sur les champs de bataille l'expérience et un irrésistible ascendant. Mais il succomba dans des tentatives insensées, en s'efforçant de franchir les limites qui lui étaient marquées, et il entraîna la nation française dans des désastres aussi grands qu'avaient été ses succès.

Et cependant, plus jaloux encore de gloire que d'indépendance, les Français, auxquels il avait demandé et leur dernier enfant et leur dernier écu, n'associèrent plus son nom qu'à des souvenirs de grandeur et de popularité. Eh! qui donc châtia la France d'une main plus implacable? qui la laissa plus humiliée après l'avoir élevée à une hauteur qu'elle n'atteindra plus?

Mais tel fut le prestige de cette gloire inouïe dans nos annales, qu'elle éclipsa tous les désastres dont elle fut suivie, et que le gouvernement qui succéda à l'Empire porta le poids des fautes et des malheurs de l'empereur, comme si les Bourbons avaient commandé et trahi ses armées dans les défilés de Pulna et de Baylen, comme s'ils avaient poussé ses soldats dans les steppes de la Russie ou les sierras de l'Espagne, et soulevé l'Europe contre lui; eux qui trouvaient à peine en Europe un abri pour reposer leur tête, eux qui l'avaient si souvent vaincue et abaissée.

Non, si l'Empire succomba dans cette rivalité de la France seule contre le continent, vieille tradition de la maison de Bourbon, ce n'est point à elle, mais à l'empereur Napoléon que restera la responsabilité de la défaite, comme il eut celle de la victoire. Cette épopée ne recommencera plus, pas plus, il faut l'espérer, que ne recommencera l'invasion de notre patrie. Les destinées impériales sont à jamais ensevelies dans le linceul du passé. De tels souvenirs sont un fragile piédestal qui se briserait sous les pas aventureux de ceux qui voudraient y toucher, et les services signalés de Louis-Napoléon ne pourraient être payés d'un pouvoir qui ne serait point une garantie d'ordre, de liberté ou de stabilité.

Quels sont les gouvernements qui pourraient s'abandonner encore aux enivrements d'une popularité éphémère, lorsque deux pouvoirs qui semblaient avoir toutes les garanties de la durée, si ce n'est de l'éternité, expirent, l'un quinze ans, l'autre dix-huit ans après avoir été salués par d'enthousiastes acclamations ?

L'opinion est une déesse capricieuse, que ni la gloire, ni l'honnêteté, ni l'habileté ne peuvent se flatter de fixer en France. Aussi voyons-nous, s'emparant de cette idée au profit de leur versatilité, cette secte d'hommes nouveaux qui proclament hautement la souveraineté de la force avant la souveraineté du droit, toujours prêts à accepter le fait accompli, c'est-à-dire la loi du plus fort, et pour lesquels, en un mot, il n'y a de légitime que ce qui est possible. Leur opinion, c'est de n'en avoir aucune; leur principe, de dédaigner tous les principes; leur foi, de ne croire à rien. Ils se rattachent au char du gouvernement, non pour le servir, mais pour s'en servir, et s'enrôlent avec la même complaisance au service de l'extrême licence ou de l'extrême arbitraire. Ils créent un parti qui existe, non pour lui-même ou par lui-même, mais en haine des autres partis, celui qu'on peut appeler le parti de la négation. Ils maintiennent ainsi un gouvernement en équilibre sur de tels artifices, jusqu'à ce que, les ambitions, les cupidités satisfaites ou contraintes, les dangers disparus, ils lui retirent leur appui pour applaudir à sa chute et recommencer le même jeu avec un autre.

Qu'à l'opposé de pareils hommes, il se forme un parti qui sache, au sein de cette dégradation des cœurs et des esprits, conserver intacts ses principes et sa foi; un parti qui, en dehors des présomptions de l'orgueil et des séductions de la puissance, sache résister aux menaces de la force et de l'impopularité, sans dévier de son respect aux lois, à la hiérarchie, à sa religion, dans un pays où le vrai courage est de défendre le pouvoir contre ceux qui l'oppriment; un parti qui sache résister à l'appât d'un triomphe révolutionnaire, rejeter les moyens de succès déshonnêtes, quelle que soit la hauteur du but auquel il aspire; à ce parti appartiendra de prendre un jour le gouvernail des affaires publiques; à son drapeau se rallieront tôt ou tard les soldats dispersés de la civilisation, comme au palladium sacré de nos libertés et de notre indépendance, si toutefois nous ne sommes point marqués du sceau fatal des peuples dont le rôle est fini.

La démocratie est le grand fait qui domine toute la situation présente. Elle a introduit dans le gouvernement un nouveau système, de nouveaux besoins, de nouveaux éléments avec lesquels il faut largement compter, et qu'il importe de classer dès aujourd'hui à leur place légitime. Cette transformation de l'ancienne société (que l'on pourrait appeler la société féodale), qui a déjà coûté tant de larmes à l'humanité, doit se faire sans secousse, si la démocratie sait reconnaître un pouvoir qui la protége contre sa propre inexpérience et ses excès, qui la sauve de son enthousiasme et de ses fautes.

La république, que l'on avait acceptée comme une espèce de trève de Dieu, comme un terrain neutre où tous les partis s'étaient donné rendez-vous pour la conciliation, est peut-être la forme qui les divise le plus, parce qu'elle leur laisse leurs espérances, espérances naturelles, il faut le dire, et légitimes, dans un pays mobile et capricieux, où la voix du peuple est la loi suprême. La république est, de tous les gouvernements, le plus incapable de discipliner la démocratie, partant de la défendre, de la protéger contre l'anarchie, l'absolutisme ou la ruine.

La république a son aristocratie d'autant plus inquiète, ombrageuse et tyrannique, qu'elle est plus éphémère, aristocratie élective qui naît et meurt dans les luttes de la place publique. Ces discussions, ces orages, objet des rêves d'un certain parti, qui se prétend le véritable dépositaire du principe républicain; ces discussions qui dégénéraient si souvent en combats sanglants, ne sont point faites pour notre temps. Il faut à l'industrie pour ses conquêtes pacifiques, au génie pour ses études sérieuses, au gouvernement pour méditer ses améliorations, poursuivre ses traités politiques, le calme et la stabilité. Les questions qui se débattaient à la tribune aux harangues, alors que l'Italie, le monde entier étaient dans Rome, la Grèce dans Sparte ou Athènes, ne pourraient pas se traiter publiquement avec la gravité qu'exigent les complications de l'administration et de la diplomatie moderne. L'agglomération populaire sur un seul point de la cité deviendrait une source incessante de désordres et de craintes.

Mais si, sans demander à l'antiquité des leçons, on voulait se renfermer dans la constitution actuelle, il nous semble qu'il n'y a de sérieusement, de réellement retranché de la constitution monarchique que l'hérédité remplacée par un pouvoir électif. Or, si l'hérédité a des inconvénients que nous ne dissimulons pas, elle a eu pour résultat en France de la faire ce qu'elle est aujourd'hui; pour l'Europe, de créer tous les grands Etats qui règlent les affaires du continent. Le principe électif a rayé la Pologne et Venise du rang des nations.......

Qu'on cesse de nous parler des Etats-Unis, de ce peuple tout imprégné encore de la hiérarchie anglaise. Ses conditions de mœurs, de caractère, de localité, de relations politiques et commerciales ne peuvent avoir d'analogie avec celles où nous sommes placés, et son histoire commence; nous pourrions d'ailleurs répondre par l'exemple édifiant des autres républiques du Nouveau-Monde, qui se ruinent, se déchirent et se dépeuplent dans tous les désordres de l'anarchie.

La république est l'enfance des gouvernements, alors que les intérêts de la civilisation ou de la corruption n'ont point engendré ces rivalités dangereuses qui nécessitent l'intervention d'un pouvoir fort et incontestable. Il faut aux peuples vieillis, usés par les succès ou les revers, un gouvernement modérateur, qui pèse dans sa suprême justice les arguments des passions, et juge en dernier ressort les querelles des partis. Il faut qu'à son tribunal, placé au-dessus des influences dangereuses, viennent se vider les conflits qui sans lui dégénéreraient en luttes sanglantes ; il faut qu'il garde l'inviolable privilége de l'irresponsabilité, garantie de son indépendance. Inaccessible aux mauvaises pensées d'ambition personnelle, il personnifiera dans sa majesté la majesté du pays, dans sa stabilité la stabilité de nos lois, de nos institutions, et par conséquent la prospérité et la grandeur du pays qui lui confie ses destinées ; il rendra respectables eux-mêmes ceux qui sauront le respecter.

Que si, au contraire, las de compter avec les devoirs de morale politique et religieuse, le peuple essaie de secouer le frein d'une discipline salutaire, gage d'une liberté réelle et durable, la république lui rendra le service qu'il en attend, d'un gouvernement sans contrôle, qui le mènera par la voie la plus courte aux mains du despotisme ou de l'anarchie, précurseur d'une ruine inévitable.

On s'effraie d'une monarchie sans l'appui d'une aristocratie fortement constituée. Ceux qui n'ont point oublié les annales de notre histoire, se rappelleront aussi que les plus grands périls de la monarchie lui vinrent de ses luttes avec l'aristocratie féodale. Sans cesse aux prises avec elle, la royauté ne fut définitivement assise que le jour où la noblesse, humiliée par la politique de Richelieu, vint se ranger autour de Louis XIV, abandonnant ses prétentions orgueilleuses, ses terres, ses châteaux et la mauvaise comme la bonne influence qu'elle pouvait s'y ménager pour d'autres époques, et provoquant plus tard, par ses désordres, la réaction qui devait emporter la monarchie. Mais alors les rôles étaient changés, et la monarchie, en qui s'était identifiée d'abord la protection du faible contre la force, personnifiait une idée aristocratique qu'elle peut dépouiller sans perdre de son prestige et de sa valeur.

Cette nouvelle définition de ses attributs, la royauté les trouvera dans les idées qui semblent aujourd'hui prendre la direction de l'opinion et des événements : démocratie et légitimité. La démocratie trouvant ouvertes devant elle les portes des distinctions, des honneurs, du pouvoir, trouvant dans le roi lui-même son représentant naturel, juge éclairé de ses intérêts ; la légitimité donnant satisfaction aux besoins, aux susceptibilités de tous par sa force et son hérédité ; à elle seule, nous le disons avec une conviction profonde, appartient la restauration de la société, menacée par la démagogie, et partant, par le despotisme.

Il n'est pas d'exemple, dans l'antiquité ni dans l'histoire moderne, d'une république qui n'ait passé sous le joug d'un maître ou sous les fourches caudines d'un conquérant.

Les grands siècles, les ères célèbres du génie humain datent des pouvoirs monarchiques.

Si jamais l'instabilité dans les institutions fut un fléau pour une nation, c'est dans les temps où nous vivons, en présence des besoins qui nous pressent, des problèmes qu'il faut résoudre, des rivalités qui nous écrasent, des partis qui nous divisent, des dangers qui nous menacent. Ce ne peut donc être d'une pensée mauvaise, mais d'un ardent patriotisme, d'en appeler de l'injustice des révolutions à la justice du pays.

Tout passe ici-bas, hommes, idées, empires; l'orgueil seul reste debout. Cachet originel qui a survécu à la chute du premier homme comme il survit à toutes nos chutes, l'orgueil, qui abaisse les intelligences, avilit les instincts, pousse les peuples aux discordes fratricides, s'oppose aux réconciliations et couvre la terre de ruines.

Mais au-dessus des passions et des erreurs, vérités aujourd'hui, blasphèmes demain, plane l'immuable justice de Dieu qui tient l'orgueil sous ses pieds et les destinées humaines dans sa puissante main. Incertains, tâtonnant dans ce pêle-mêle d'hommes, d'opinions, d'événements, nous cherchons la lumière, et nous nous heurtons contre cette fatalité que les uns appellent le hasard, d'autres la Providence. Nous retombons dans le découragement de nos inutiles efforts ; la sagesse ne nous inspire que défiance, et nous nous écrions, devant tout ce néant : « Dieu seul est grand, et les hommes ne sont rien ! »

L'écueil de la civilisation est l'orgueil, et l'orgueil c'est la révolution. En vain elle s'agite à la poursuite des améliorations dont elle affiche le monopole ; elle tourne dans un cercle fatal, qui la ramène au point de départ des sociétés : socialisme ou communisme. Chacun de ses pas est un pas rétrograde, chacune de ses dates est une date, une étape de décadence. Qu'a-t-elle fait de la France depuis soixante ans? Au dehors, notre influence s'est rapetissée, nos alliances se sont éloignées, nos frontières se sont rétrécies, nos colonies se détachent ou se perdent, nos flottes cessent de garantir l'inviolabilité de nos amis et nationaux, et de partager les mers avec l'Angleterre ; la dignité de la France saigne par tous ses pores.

Au dedans, les partis se multiplient, les haines se retrempent, l'initiative du caractère national s'épuise, les mœurs s'altèrent, le mépris de l'autorité amène les difficultés et l'impossibilité de gouverner, la politique semble avoir desséché la sève des beaux-arts, tari l'inspiration des poètes ou flétri les œuvres de leur imagination. Tous les grands intérêts, l'intérêt agricole surtout (1), subissent les épreuves les plus douloureuses. La détresse des finances publiques devient de plus en plus menaçante.

A qui donc s'adresseront la reconnaissance ou les ressentiments du pays? Aux hommes qui aiment à suivre les révolutions jusque dans leurs excès, ou à ceux qui leur refusent la conscience et l'initiative du bien?

Où seront les amis de la liberté? Dans leurs rangs, ou dans les nôtres? Pour quelques natures généreuses qui se laissent entraîner au-delà de leur but, par le besoin d'indépendance inné aux cœurs bien placés, combien d'hommes pervers qui ne voient dans les soulèvements intérieurs qu'une occasion de renommée!

Combien de fous toujours prêts à mettre le feu à leur patrie pour détruire les lois qui paralysent leurs mauvaises pensées! Et parce que toutes ces aspirations de l'amour-propre ou du mal, on les sait habilement colorer, déguiser sous un nom sonore et libéral, sous ce nom de liberté qui a

---

(1) L'agriculture depuis vingt ans, a passé par les plus misérables vicissitudes, et si ses plaintes ne se sont jamais formulées en insurrections, elles n'en sont pas moins légitimes et dignes de la plus sérieuse attention.

de si beaux, nous allions dire de si terribles priviléges, croyez-vous que le drapeau de la liberté soit dans le camp de la révolution, ou dans le camp opposé ? Sommes-nous mal venus, nous qui déplorons les révolutions, à demander le changement des définitions dans lesquelles il vous a plu de parquer vos adversaires ? Nous protestons contre de pareilles erreurs, car nous aimons la liberté et notre patrie de toute notre âme et de toutes nos forces ; nous protestons contre le droit que vous vous attribuez de sacrifier les générations du présent à vos utopies, car les générations de l'avenir n'ont pas remis, que nous sachions, un pareil mandat dans vos mains. Voyez si jamais nous excuserons les moyens de la première révolution. Nous protestons de tout notre dévouement à notre pays, car nous protesterons sans cesse de notre soumission à ses lois et à ses volontés, et de notre haine au despotisme. Nous aimons et nous défendrons les principes de la vraie liberté ; acceptez-les et défendez-les comme nous ; mais nous exécrons et nous combattrons la révolution de 1793. Nous aimons les progrès, les nobles émulations, nous sommes profondément sympathiques à toutes les douleurs comme à tous les bons sentiments et aux glorieuses actions ; mais nous nous révoltons contre le charlatanisme des mots, contre les persécutions de la calomnie ou du persiflage, contre le régime abrutissant des coups de main insurrectionnels ; nous pleurons sur notre grandeur déchue, sur nos libertés compromises, sur les ruines que vous avez faites et sur les menaces que vous nous faites.

Que reste-t-il maintenant pour protéger une nationalité qui s'affaisse, régénérer une société vermoulue, épuisée par les remèdes les plus empiriques, paralysée par les doutes et les dérisions, quand son lendemain peut appartenir au bourreau? Ce qu'il reste à la France, c'est un principe longtemps raillé comme impuissant. Détournerons-nous la tête de cette miraculeuse branche de salut, quand tout est tombé, bouleversé, anéanti autour de nous?

La légitimité, nous le répétons, et chaque jour grandit notre foi, chaque événement le confirme, la légitimité est un besoin des peuples modernes, comme la démocratie.

Démocratie et légitimité ont une origine commune, des instincts communs, des intérêts communs.

La légitimité est notre unique abri dans cette grande tempête sociale; son nom est le symbole de la protection de tous les droits. La légitimité est le seul pouvoir qui puisse donner satisfaction complète à ce besoin d'égalité, source de nos agitations depuis soixante ans, en mettant à nu l'illusion des prétentions qui s'abritent sous son nom, le seul qui puisse prévenir les tiraillements, les déchirements et les guerres intestines, en mettant le pouvoir au-dessus des convoitises individuelles. La légitimité ramenée aux errements de notre antique monarchie, devisant familièrement avec les bons bourgeois de Paris, comme saint Louis, parcourant comme Henri IV les chaumières nécessiteuses pour s'enquérir de leurs misères et les secourir; la légitimité, tendant la main à toutes les illustrations, à tous les services, à toutes les opinions, pour les appeler à son aide dans cette restauration sociale, protégeant le présent et l'avenir par un véritable esprit libéral; la légitimité, dépouillée de l'artifice d'une inutile grandeur, constitutionnelle, populaire, paternelle, comme les gouvernements simples et honnêtes, la légitimité peut seule, de toutes les combinaisons actuelles, rendre au pays le rang qu'il a perdu et assurer les libertés qu'il perdra sans elle.

Rêves que tout cela, direz-vous. Non, ce n'est point un rêve, et le programme que vous appelez fantastique, l'héritier des rois de France l'a signé de ces mémorables paroles : « J'aime mon pays autant que je le respecte ! »

Que le contrat héréditaire qui lie les peuples comme les rois, plus encore dans l'intérêt des peuples que dans celui des rois, que ce contrat, déchiré en 1830, soit librement accepté par le vœu populaire, la légitimité recevra de cette consécration un nouveau baptême qui grandira sa force, comme autrefois Philippe-Auguste, reprenant la couronne des mains de ses guerriers, trouva dans cette seconde investiture le triomphe de Bouvines. Ce contrat précieux, ratifié par les deux parties, le roi et la nation, sera l'alliance du principe héréditaire, qui ne veut pas s'imposer et de la souveraineté populaire, qui ne veut pas abdiquer.

Le glorieux représentant du principe a posé la première pierre de l'alliance; espérons que la nation ne repoussera pas la main du descendant de ceux qu'elle trouva toujours au chemin de l'honneur et de la gloire.

Quant à nous, nous ne savons à qui imputer cette pensée que la légitimité est un dogme impératif devant lequel doit s'incliner sans examen la conscience d'un peuple libre.

La légitimité est un principe bienfaisant, libéral et glorieux, au service de la nation, une propriété de la nation, mais un principe qui ne serait ni bienfaisant, ni libéral, ni glorieux s'il était permis de l'aliéner ou de le modifier au caprice des révolutions. La légitimité est avant tout une idée de conciliation et d'examen, dont la pratique n'admet qu'une exclusion, celle des distinctions de parti, car elle ne peut venir que de la conciliation des partis. Qui donc oserait faire de la légitimité une façon de mystère, accessible seulement à quelques adeptes, mystère qui n'aurait de culte qu'au sein d'une église choisie et fanatique?

Qui donc osera la représenter comme un principe de conquête absolue, comme une négation de l'indépendance et de l'intelligence nationales ?

Qui donc osera la représenter comme le triomphe d'un parti orgueilleux de sa foi, exclusif, intolérant?

Qui? Les ennemis seuls de la légitimité ou plutôt de leur pays.

La légitimité, dans ces humiliantes conditions, nous ne l'acceptons pas ; son noble représentant la repousse comme nous.

Nous en appelons à la loyauté de vos sentiments, vous qui nous connaissez, vous qui connaissez le représentant de la légitimité; le croyez-vous capable, nous ne disons pas d'invoquer, mais de subir de pareilles exigences? Le croyez-vous assez peu soucieux de l'honneur de sa patrie, assez peu intelligent de ses libertés et de ses intérêts, pour appeler une surprise ou un coup de main ? Non, non! Que de tels expédients restent à l'usage des révolutions, et s'il fallait jamais choisir entre l'exil et la violence, nous préférons l'exil pour le descendant de saint Louis. Nous savons trop ce que vaut le pouvoir, ce qu'il vaudrait s'il était le prix de moyens dangereux réprouvés par l'expérience et, disons-le, par notre honneur. Nous resterons dans le silence de notre foi politique, dans le calme de nos convictions et dans l'humilité du rôle que la violence nous a fait.

Les questions de fusion qui préoccupent aujourd'hui le monde politique sont donc résolues d'avance pour nous, qui ne voulons de succès que par la conciliation.

Que les partis s'agitent pour entretenir leur ardeur, pour étaler leurs sympathies ; qu'ils se renvoient leurs conditions, plutôt comme un cartel de combat que comme un échange de traités de paix ; il n'y a rien là qui puisse être un obstacle sérieux à un pacte définitif ni au travail de l'esprit public, fatigué de soupçons et de dissentiments. Quand les événements auront mis les adversaires des deux camps face à face, ils se tendront la main.

Vous, vous voulez la sanction des droits populaires par la reconnaissance des principes de la première Assemblée constituante. Qui songe à les nier ?

Nous, nous voulons l'hérédité. N'est-ce pas aussi votre vœu ? Nous voulons comme vous que les décisions de la souveraineté populaire soient sacrées pour elle comme pour la monarchie elle-même.

Quoi donc nous sépare ? les affections. Est-il nécessaire que les sympathies de ce côté-ci se traduisent en antipathies de celui-là ? Et s'il faut parler sans réticence, le principe libéral n'est-il pas aussi glorieusement représenté par l'exilé de Frosdorff, que le principe monarchique par les fils de Louis-Philippe ? De tels hommes ne sont-ils pas, les uns et les autres, à la hauteur de leurs destinées, à la hauteur de tous les plus nobles sentiments, de tous les dévouements, quand ils semblent faire assaut de désintéressement et de loyauté? De tels caractères ne sont-ils pas la plus belle garantie de l'honneur et de la conciliation? Leurs amis ne sont-ils pas les amis de leur pays? et leurs véritables ennemis ne sont-ils pas ceux qui sacrifient le repos public à leurs rancunes intéressées, à leurs préjugés intraitables, et perpétuent les désordres pour perpétuer leur importance?

Si tous les dons de la plus riche nature, unis à tous les avantages de l'éducation la plus vaste et la plus sérieuse, sont aujourd'hui des titres de noblesse, la société devrait le premier rang aux héritiers d'Henri IV, fussent-ils nés dans ses derniers rangs.

Jamais la France n'aurait pu contempler avec plus d'orgueil les représentants de son nom; avec plus de confiance les chefs de ses destinées.

Quatre partis divisent notre malheureux pays, avec leurs amis ardents, dévoués, énergiques; chacun d'eux apporte son enjeu dans la terrible partie engagée sur le tapis des révolutions, qui le pouvoir, qui la liberté ; chacun avec ses souvenirs de gloire ou de prospérité. Heureux celui qui par sa force pourra donner la paix et la conciliation ; par ses souvenirs, la prospérité et la gloire ; par son principe, le pouvoir et la liberté !

Quelles que soient notre illusion sur les bénéfices de la conciliation, la naïveté de nos espérances, l'inutilité de nos efforts, nous aurons pour excuse l'impossibilité d'une solution plus pratique en présence d'un ennemi dont le bélier frappe sans relâche les derniers remparts de la civilisation.

A la veille de cette terrible lutte où il ne peut y avoir de victoire pour les vainqueurs, nous sommes entrés dans la lice, le front découvert, non point pour sonner la charge du combat, mais pour dénoncer l'emploi des armes discourtoises et demander la suspension des hostilités.

Puisse notre devise être un jour celle qui nous ralliera tous : UNION et CONCILIATION.

L. DE PRAINGY.

PARIS. — IMPRIMERIE CENTRALE DE NAPOLÉON CHAIX ET Cie, RUE BERGÈRE, 20.

www.ingramcontent.com/pod-product-compliance
Lightning Source LLC
LaVergne TN
LVHW010102230826
846091LV00005B/2063

* 9 7 8 2 0 1 1 7 7 2 3 2 9 *